L O I.
C O D E   P É N A L.

Donnée à Paris le 6 octobre 1791,

LOUIS, par la grâce de Dieu, & par la Loi conftitutionnelle de l'Etat, ROI DES FRANÇAIS : A tous préfens & à venir : Salut.

L'Affemblée Nationale a décrété, & Nous voulons & ordonnons ce qui fuit :

DÉCRET DE L'ASSEMBLÉE NATIONALE, du 25 feptembre 1791.

C O D E   P É N A L.

PREMIERE PARTIE.

Des Condamnations.

TITRE PREMIER.

Des Peines en général.

ARTICLE PREMIER.

LES peines qui feront prononcées contre les accufés trouvés coupables par le juré, font la peine de mort, les fers, la réclufion dans la maifon de force, la gêne, la détention, la déportation, la dégradation civique, le carcan.

II. La peine de mort confiftera dans la fimple privation de la vie, fans qu'il puiffe jamais être exercé aucune torture envers les condamnés.

A

III. Tout condamné aura la tête tranchée.

IV. Quiconque aura été condamné à mort pour crime d'affaffinat, d'incendie ou de poifon, fera conduit au lieu de l'exécution revêtu d'une chemife rouge.

Le parricide aura la tête & le vifage voilés d'une étoffe noire; il ne fera découvert qu'au moment de l'exécution.

V. L'exécution des condamnés à mort fe fera dans la place publique de la ville où le juré d'accufation aura été convoqué.

VI. Les condamnés à la peine des fers, feront employés à des travaux forcés au profit de l'Etat, foit dans l'intérieur des maifons de force, foit dans les ports & arfenaux, foit pour l'extraction des mines, foit pour le defféchement des marais, foit enfin pour tous autres ouvrages pénibles, qui, fur la demande des départemens, pourront être déterminés par le corps légiflatif.

VII. Les condamnés à la peine des fers, traîneront, à l'un des pieds, un boulet attaché avec une chaîne de fer.

VIII. La peine des fers ne pourra, en aucun cas, être perpétuelle.

IX. Dans le cas où la loi prononce la peine des fers pour un certain nombre d'années, fi c'eft une femme ou une fille qui eft convaincue de s'être rendue coupable defdits crimes, ladite femme ou fille fera condamnée pour le même nombre d'années, à la peine de la réclufion dans la maifon de force.

X. Les femmes & les filles condamnées à cette peine, feront enfermées dans une maifon de force, & feront employées, dans l'enceinte de ladite maifon, à des travaux forcés au profit de l'Etat.

XI. Les corps adminiftratifs pourront déterminer le genre des travaux auxquels les condamnés feront employés dans lefdites maifons.

XII. Il fera ftatué par un décret particulier, dans quel nombre & dans quels lieux feront formés les établiffemens defdites maifons.

XIII. La durée de cette peine ne pourra, dans aucun cas, être perpétuelle.

XIV. Tout condamné à la peine de la géne fera enfermé feul dans un lieu éclairé, fans fers ni liens; il ne pourra avoir, pendant la durée de fa peine, aucune communication avec les autres condamnés, ou avec des perfonnes du dehors.

XV. Il ne fera fourni au condamné à ladite peine, que du pain & de l'eau, aux dépens de la maifon; le furplus fur le produit de fon travail.

XVI. Dans le lieu où il fera détenu, il lui fera procuré du travail à fon choix, dans le nombre des travaux qui feront autorifés par les adminiftrateurs de ladite maifon.

XVII. Le produit de fon travail fera employé ainfi qu'il fuit :

Un tiers fera appliqué à la dépenfe commune de la maifon.

Sur une partie des deux autres tiers, il fera permis au condamné de fe procurer une meilleure nourriture.

Le furplus fera réfervé pour lui être remis au moment de fa fortie, après que le temps de fa peine fera expiré.

XVIII. Il fera ftatué par un décret particulier, dans quel nombre & dans quels lieux feront formés les établiffemens deftinés à recevoir les condamnés à la peine de gêne.

XIX Cette peine ne pourra, en aucun cas, être perpétuelle.

XX. Les condamnés à la peine de la détention feront enfermés dans l'enceinte d'une maifon deftinée à cet effet.

XXI. Il leur fera fourni du pain & de l'eau aux dépens la maifon ; le furplus fur le produit de leur travail.

XXII. Il fera fourni aux condamnés du travail à leur choix, dans le nombre des travaux qui feront autorifés par les adminiftrateurs de ladite maifon.

XXIII. Les condamnés pourront, à leur choix, travailler enfemble ou féparément, fauf toutefois les réclufions momentanées qui pourront être ordonnées par ceux qui feront chargés de la police de la maifon.

XXIV. Les hommes & les femmes feront enfermés, & travailleront dans des enceintes féparées.

XXV. Le produit du travail des condamnés à cette peine, fera employé ainfi qu'il eft fpécifié en l'article XVII ci-deffus.

XXVI. La durée de cette peine ne pourra excéder fix années.

XXVII. Il fera ftatué par un décret particulier, dans quel nombre & dans quels lieux feront formés les établiffemens defdites maifons de détention.

XXVIII. Quiconque aura été condamné à l'une des peines des fers, de la réclufion dans la maifon de force, de la gêne, de la détention, avant de fubir fa peine, fera préalablement conduit fur la place publique de la ville où le juré d'accufation aura été convoqué.

Il y fera attaché à un poteau placé fur un échafaud, & il y demeurera expofé aux regards du peuple, pendant fix heures, s'il eft condamné aux peines des fers ou de la réclufion dans la maifon de force; pendant quatre heures, s'il eft condamné à la peine de la gêne; pendant deux heures, s'il eft condamné à la détention. Au-deffus de fa tête, fur un écriteau, feront infcrits en gros caractères, fes noms, fa profeffion, fon domicile, la caufe de fa condamnation, & le jugement rendu contre lui.

XXIX. La peine de la déportation aura lieu dans le cas & dans les formes qui feront déterminées ci-après.

XXX. Le lieu où feront conduits les condamnés à cette peine, fera déterminé inceffamment par un décret particulier.

XXXI. Le coupable qui aura été condamné à la peine de la dégradation civique, fera conduit au milieu de la place publique où fiége le tribunal criminel qui l'aura jugé.

Le greffier du tribunal lui adreffera ces mots à haute voix : *Votre pays vous a trouvé convaincu d'une action infâme ; la loi & le tribunal vous dégradent de la qualité de Citoyen Français.*

Le condamné fera enfuite mis au carcan au milieu de la place publique ; il y reftera pendant deux heures expofé aux regards du peuple. Sur un écriteau feront tracés en gros caractères, fes noms, fon domicile, fa profeffion, le crime qu'il a commis & le jugement rendu contre lui.

XXXII. Dans les cas où la loi prononce la peine de la dégradation civique, fi c'eft une femme ou une fille, un étranger, ou un repris de juftice, qui eft convaincu de s'être rendu coupable defdits crimes, le jugement portera : « Tel, ou telle . . . . . » eft condamnée à la peine du carcan. »

XXXIII. Le condamné fera conduit au milieu de la place publique de la ville où fiége le tribunal criminel qui l'aura jugé.

Le greffier du tribunal lui adreffera ces mots à haute voix : *Le pays vous a trouvé convaincu d'une action infâme.*

Le condamné fera enfuite mis au carcan, & reftera, pendant deux heures, expofé aux regards du peuple. Sur un écriteau feront tracés en gros caractères, fes noms, fa profeffion, fon domicile, le crime qu'il a commis, & le jugement rendu contre lui.

XXXIV. Les dommages & intérêts & réparations civiles, feront prononcés lorfqu'il y échoira, indépendamment des peines ci-deffus fpécifiées.

XXXV. Toutes les peines actuellement ufitées, autres que celles qui font établies ci-deffus, font abrogées.

TITRE II.

De la Recidive.

ARTICLE PREMIER.

QUICONQUE aura été repris de juftice pour crime, s'il eft convaincu d'avoir, poftérieurement à la première condamnation, commis un fecond crime emportant l'une des peines des fers, de la réclusion dans la maison de force, de la gêne, de la détention, de la dégradation civique ou du carcan, sera condamné à la peine prononcée par la loi contre ledit crime ; & après l'avoir subie, il sera transféré, pour le reste de sa vie au lieu fixé pour la déportation des malfaiteurs.

II. Toutefois, si la première condamnation n'a emporté autre peine que celle de la dégradation civique ou du carcan, & que la même peine soit prononcée par la loi contre le second crime dont le condamné est trouvé convaincu, en ce cas le condamné ne sera pas déporté ; mais attendu la récidive, la peine de la dégradation civique ou du carcan, sera convertie dans celle de deux années de détention.

TITRE III.

De l'exécution des jugemens contre un accusé contumace.

ARTICLE PREMIER.

LORSQU'UN accusé aura été condamné à l'une des peines établies ci-dessus, il sera dressé dans la place publique de la ville où le juré d'accusation aura été convoqué, un poteau auquel on appliquera un écriteau indicatif des noms du condamné, de son domicile, de sa profession, du crime qu'il a commis & du jugement rendu contre lui.

II. Un écriteau restera exposé aux yeux du peuple pendant douze heures, si la condamnation emporte la peine de mort ; pendant six heures, si la condamnation emporte la peine des fers ou de la réclusion dans la maison de force ; pendant quatre heures, si la condamnation emporte la peine de la gêne ; pendant deux heures, si la condamnation emporte la peine de la détention, & de la dégradation civique ou du carcan.

TITRE IV.

Des effets des condamnations.

ARTICLE PREMIER.

QUICONQUE aura été condamné à l'une des peines des fers, de la réclusion dans la maison de force, de la gêne, de la détention, de la dégradation civique ou du carcan, sera déchu de tous les droits attachés à la qualité de citoyen actif, & rendu incapable de les acquérir.

Il ne pourra être rétabli dans ses droits, ou rendu habile à les acquérir, que sous les conditions & dans les délais qui seront prescrits au titre de la réhabilitation.

II. Quiconque aura été condamné à l'une des peines des fers, de la réclusion dans la maison de force, de la gêne ou de la détention, indépendamment des déchéances portées en l'article précédent, ne pourra, pendant la durée de la peine, exercer par lui-même aucun droit civil : il sera pendant ce temps en état d'interdiction légale, & il lui sera nommé un curateur pour gérer & administrer ses biens.

III. Le curateur sera nommé dans les formes ordinaires & accoutumées pour la nomination des curateurs aux interdits.

IV. Les biens du condamné lui seront remis après qu'il aura subi sa peine, & le curateur lui rendra compte de son administration & de l'emploi de ses revenus.

V. Pendant la durée de sa peine, il ne pourra lui être remis aucune portion de ses revenus, mais il pourra être prélevé sur ses biens les sommes nécessaires pour élever & doter ses enfans, ou pour fournir des alimens à sa femme, à ses enfans, à son père ou à sa mère, s'ils font dans le besoin.

VI. Ces sommes ne pourront être prélevées sur ses biens qu'en vertu d'un jugement rendu à la requête des demandeurs, sur l'avis des parens & du curateur, & sur les conclusions du commissaire du roi.

VII. Les conducteurs des condamnés, les commissaires & gardiens des maisons où ils seront enfermés, ne permettront pas qu'ils reçoivent, pendant la durée de leur peine, aucune don, argent, secours, vivres ou aumônes, attendu qu'il ne peut leur être accordé de soulagement qu'en considération & sur le produit de leur travail.

Ils seront responsables de leur négligence à exécuter cet article, sous peine de destitution.

VIII. Les effets résultant de la déportation, seront déterminés lors du réglement qui sera fait pour la formation de l'établissement destiné à recevoir les malfaiteurs qui auront été déportés.

TITRE V.

De l'influence de l'âge des condamnés sur la nature & la durée des peines.

ARTICLE PREMIER.

Lorsqu'un accusé déclaré coupable par le juré, aura commis le crime pour lequel il est poursuivi, avant l'âge de seize ans accomplis, les jurés décideront, dans les formes ordinaires de leur délibération, la question suivante : *Le coupable a-t-il commis le crime avec ou sans discernement ?*

II. Si les jurés décident que le coupable a commis le crime sans discernement, il sera acquitté du crime : mais le tribunal criminel pourra, suivant les circonstances, ordonner que le coupable sera rendu à ses parens, ou qu'il sera conduit dans une maison de correction, pour y être élevé & détenu pendant tel nombre d'années que le jugement déterminera, & qui toutefois ne pourra excéder l'époque à laquelle il aura atteint l'âge de vingt ans.

III. Si les jurés décident que le coupable a commis le crime avec discernement, il sera condamné, mais à raison de son âge, les peines suivantes seront commuées.

Si le coupable a encouru la peine de mort, il sera condamné à vingt années de détention dans une maison de correction,

S'il a encouru les peines des fers, de la réclusion dans la maison de force, de la gêne ou de la détention, il sera condamné à être renfermé dans la maison de correction pendant un nombre d'années égal à celui pour lequel il auroit encouru l'une desdites peines à raison du crime qu'il a commis.

IV. Dans les cas portés en l'article précédent, le condamné ne subira pas l'exposition aux regards du peuple, sinon lorsque la peine de mort aura été commuée en vingt années de détention dans une maison de correction, auquel cas l'exposition du condamné aura lieu pendant six heures, dans les formes qui sont ci-dessus prescrites.

V. Nul ne pourra être déporté, s'il a soixante-quinze ans accomplis.

VI. Dans le cas où la loi prononce l'une des peines des fers, de la réclusion dans la maison de force, de la gêne ou de la détention pour plus de cinq années, la durée de la peine sera réduite à cinq ans, si l'accusé trouvé coupable, est âgé de soixante quinze ans accomplis ou au-delà.

VII. Tout condamné à l'une desdites peines, qui aura atteint l'âge de quatre-vingts ans accomplis, sera mis en liberté par jugement du tribunal criminel, rendu sur sa requête, s'il a subi au moins cinq années de sa peine.

TITRE VI.

De la prescription en matière criminelle.

ARTICLE PREMIER.

Il ne pourra être intenté aucune action criminelle pour raison d'un crime, après trois années révolues, lorsque dans cet intervalle il n'aura été fait aucunes poursuites.

II. Quand il aura été commencé des pourfuites à raifon d'un crime, nul ne pourra être pourfuivi pour raifon dudit crime, après fix années révolues, lorfque dans cet intervalle aucun juré d'accufation n'aura déclaré qu'il y a lieu à accufation contre lui, foit qu'il ait été ou non impliqué dans les pourfuites qui auront été faites. Les délais portés au préfent article & au précédent, commenceront à courir du jour où l'exiftence du crime aura été connue ou légalement conftatée.

III. Aucun jugement de condamnation rendu par un tribunal criminel, ne pourra être mis à exécution, quant à la peine, après un laps de vingt années révolues, à compter du jour où ledit jugement aura été rendu.

TITRE VII.

De la réhabilitation des condamnés.

ARTICLE PREMIER.

Tout condamné qui aura fubi fa peine, pourra demander à la municipalité du lieu de fon domicile, une atteftation à l'effet d'être réhabilité ;

Savoir ; les condamnés aux peines des fers, de la réclufion dans la maifon de force, de la gêne, de la détention, dix ans après l'expiration de leurs peines ; les condamnés à la peine de la dégradation civique ou du carçan, après dix ans, à compter du jour de leur jugement.

II. Aucun condamné ne pourra demander fa réhabilitation, fi depuis deux ans accomplis il n'eft pas domicilié dans le territoire de la municipalité à laquelle fa demande eft adreffée, & s'il ne joint à ladite demande des certificats & atteftations de bonne conduite, qui lui auront été délivrés par les municipalités fur le territoire defquelles il a pu avoir fon habitation ou fon domicile, pendant les deux années qui ont précédé fa demande ;

Lefquels certificats ou atteftations de bonne conduite, ne pourront lui être délivrés qu'à l'inftant où il quittera lefdits domicile ou habitation.

III. Huit jours au plus après la demande, le confeil général de la commune fera convoqué, & il lui fera donné connoiffance de la demande.

IV. Le confeil général de la commune fera de nouveau convoqué au bout d'un mois ; pendant ce temps, chacun de fes membres pourra prendre fur la conduite du condamné, les renfeignemens qu'il jugera convenables.

V. Les avis feront recueillis par la voie du fcrutin, & il fera décidé, à la majorité des voix, fi l'atteftation fera ou non accordée.

VI.

VI. Si la majorité est pour que l'attestation soit accordée, deux officiers municipaux révétus de leur écharpe, ou avec leur procuration, deux officiers municipaux de la ville où siége le tribunal criminel du département dans le territoire duquel le condamné est actuellement domicilié, conduiront le condamné devant ledit tribunal criminel.

Ils y paroîtront avec lui dans l'auditoire, en présence des juges & du public.

Après avoir fait lecture du jugement prononcé contre le condamné, ils diront à haute voix : *Un tel a expié son crime en subissant sa peine ; maintenant sa conduite est irréprochable : nous demandons au nom de son pays que la tache de son crime soit effacée.*

VII. Le président du tribunal, sans délibération, prononcera ces mots : *Sur l'attestation & la demande de votre pays, la loi & le tribunal effacent la tache de votre crime.*

VIII. Il sera dressé du tout procès-verbal.

IX. Si le tribunal criminel où le jugement de réhabilitation sera prononcé, est autre que celui où a été rendu le jugement de condamnation, la copie dudit procès-verbal sera envoyée pour être transcrite sur le registre, en marge du jugement de condamnation.

X. La réhabilitation fera cesser dans la personne du condamné, tous les effets & toutes les incapacités résultant de la condamnation.

XI. Toutefois l'exercice des droits de citoyen actif du condamné demeurera suspendu à l'égard du réhabilité, jusqu'à ce qu'il ait satisfait aux dommages & intérêts, ainsi qu'aux autres condamnations pécuniaires qui auront été prononcées contre lui.

XII. Si la majorité des voix du corps municipal est pour refuser l'attestation, le condamné ne pourra former une nouvelle demande que deux ans après, & ainsi de suite, de deux ans en deux ans, tant que l'attestation n'aura pas été accordée.

XIII. L'usage de tous actes tendant à empêcher ou à suspendre l'exercice de la justice criminelle, l'usage des lettres de grâce, de rémission, d'abolition, de pardon & de commutation de peine, sont abolis pour tout crime poursuivi par voie de jurés.

DEUXIEME PARTIE

DU CODE PENAL.

Des Crimes & de leur punition.

TITRE PREMIER.

Crimes & attentats contre la chofe publique.

SECTION PREMIERE.

Des crimes contre la sûreté extérieure de l'Etat.

ARTICLE PREMIER.

QUICONQUE fera convaincu d'avoir pratiqué des machinations, ou entretenu des intelligences avec les puiffances étrangères, ou avec leurs agens, pour les engager à commettre des hoftilités, ou pour leur indiquer les moyens d'entreprendre la guerre contre la France, fera puni de mort, foit que les machinations ou intelligences ayent été ou non fuivies d'hoftilités.

II. Lorfqu'il aura été commis quelques agreffions hoftiles ou infractions de traités, tendant à allumer la guerre entre la France & une nation étrangère, & que le Corps légiflatif, trouvant coupables lefdites agreffions hoftiles ou infractions de traités, aura déclaré qu'il y a lieu à accufation contre les auteurs, le miniftre qui en aura donné ou contrefigné l'ordre, ou le commandant des forces nationales de terre ou de mer, qui, fans ordre, aura commis lefdites agreffions hoftiles ou infractions de traités, fera puni de mort.

III. Tout Français qui portera les armes contre la France, fera puni de mort.

IV. Toute manœuvre, toute intelligence avec les ennemis de la France, tendant, foit à faciliter leur entrée dans es dépendances de l'empire français, foit à leur livrer des villes, forthereffes, orts, vaiffeaux, magafins ou arfenaux appartenant à la France, foit à leur fournir des fecours en foldats, argent, vivres ou munitions, foit à favorifer, d'une manière que'conque, le progrès de leurs armes fur le terri-toire français, ou contre nos forces de terre ou de mer, foit à ébranler la fidélité des officiers, foldats, & des autres citoyens envers la nation française, feront punis de mort.

V. Les trahifons de la nature de celles mentionnées en l'article précédent, com-mifes en temps de guerre envers les alliés de la France, agiffant contre l'ennemi commun, feront punies de la même peine.

VI. Tout fonctionnaire public chargé du fecret d'une négociation, d'une expédi-tion ou d'une opération militaire, qui fera convaincu de l'avoir livré méchamment & traîtreufement aux agens d'une puiffance étrangère, ou, en cas de guerre, à l'ennemi, fera puni de mort.

VII Tout fonctionnaire public chargé, à raifon des fonctions qui lui font confiées, du dépôt des plans, foit de fortifications ou d'arfenaux, foit de ports ou de rades, qui fera convaincu d'avoir méchamment & traîtreufement livré lefdits plans aux agens d'une puiffance étrangère, ou en cas de guerre, à l'ennemi, fera puni de la peine de vingt années de géne.

DEUXIEME SECTION DU TITRE PREMIER.

Des crimes contre la fureté intérieure de l'État.

ARTICLE PREMIER.

Tout complot & attentat contre la perfonne du Roi, du régent ou de l'héritier préfomptif du trône, fera puni de mort.

II. Toutes confpirations & complots tendant à troubler l'Etat par une guerre ci-vile, en armant les citoyens les uns contre les autres, ou contre l'exercice de l'autorité légitime, feront punis de mort.

III. Tout enrôlement de foldats, levée de troupes, amas d'armes & de munitions pour exécuter les complots & machinations mentionnés en l'article précédent;

Toute attaque ou réfiftance envers la force publique, agiffant contre l'exécution defdits complots;

Tout envahiffement de ville, fortereffe, magafin, arfenal, port ou vaiffeau, feront punis de mort.

Les auteurs, chefs & inftigateurs defdites révoltes, & tous ceux qui feront pris les armes à la main, fubiront la même peine.

IV. Les pratiques & intelligences avec les révoltés, de la nature de celles mentionnées en l'article IV de la première section du préfent titre, feront punis de la même peine.

V. Tout commandant d'un corps de troupes, d'une flotte ou d'une efcadre, d'une place forte ou d'un pofte, qui en retiendra le commandement contre l'ordre du Roi;

Tout commandant qui tiendra fon armée raffemblée lorfque la féparation en aura été ordonnée; tout chef militaire qui tiendra fa troupe fous les drapeaux lorfque le licenciement en aura été ordonné, feront coupables du crime de révolte, & punis de mort.

TROISIEME SECTION DU TITRE PREMIER.

Crimes & attentats contre la Conftitution.

ARTICLE PREMIER.

Tous complots ou attentats pour empêcher la réunion ou pour opérer la diffolution d'une affemblée primaire ou d'une affemblée électorale, feront punis de la peine de la gêne pendant quinze ans.

II. Quiconque fera convaincu d'avoir, par force ou violence, écarté ou chaffé un citoyen actif d'une affemblée primaire, fera puni de la peine de la dégradation civique.

III. Si des troupes inveftiffent le lieu des féances defdites affemblées, ou pénètrent dans fon enceinte, fans l'autorifation ou la réquifition defdites affemblées, le miniftre ou commandant qui en aura donné ou contrefigné l'ordre, les officiers qui l'auront fait exécuter, feront punis de la peine de la gêne pendant quinze années.

IV. Toutes confpirations ou attentats pour empêcher la réunion, ou pour opérer la diffolution du corps légiflatif, ou pour empêcher par force & violence la liberté de fes délibérations;

Tous attentats contre la liberté individuelle d'un de fes membres, feront punis de mort.

Tous ceux qui auront participé auxdites confpirations ou attentats, par les ordres qu'ils auront donnés ou exécutés, fubiront la peine portée au préfent article.

V. Si des troupes de ligne approchent ou féjournent plus près de trente mille toifes de l'endroit où le Corps légiflatif tiendra fes féances, fans que le Corps légiflatif en ait autorifé ou requis l'approche ou le féjour, le miniftre qui en aura donné ou contrefigné l'ordre, ou le commandant en chef qui, fans ordre donné ou contrefigné par le miniftre, aura fait approcher ou féjourner lefdites troupes, fera puni de la peine de dix années de gêne.

VI. Quiconque aura commis l'attentat d'inveſtir d'hommes armés le lieu des ſéances du Corps légiſlatif, ou de les y introduire ſans ſon autoriſation ou ſa réquiſition, ſera puni de mort.

Tous ceux qui auront participé audit attentat par les ordres qu'ils auront donnés ou exécutés, ſubiront la peine portée au préſent article.

VII. Toutes conſpirations ou attentats ayant pour objet d'intervertir l'ordre de la ſucceſſion au trône, déterminé par la Conſtitution, ſeront punis de mort.

VIII. Si quelqu'acte étoit publié comme loi, ſans avoir été décrété par le Corps légiſlatif, & que ledit acte fût extérieurement revêtu d'une forme légiſlative différente de celle preſcrite par la Conſtitution, tout miniſtre qui l'aura contreſigné ſera puni de mort.

Tout agent du Pouvoir exécutif qui l'aura fait publier ou exécuter, ſera puni de la peine de la dégradation civique.

IX. Si quelqu'acte extérieurement revêtu de la forme légiſlative preſcrite par la Conſtitution, étoit publié comme loi, ſans toutefois que l'acte eût été décrété par le Corps légiſlatif, le miniſtre qui l'aura contreſigné ſera puni de mort.

X. En cas de publication d'une loi extérieurement revêtue de la forme légiſlative preſcrite par la Conſtitution, mais dont le texte auroit été altéré ou falſifié, le miniſtre qui l'aura contreſignée ſera puni de mort.

Dans le cas porté au préſent & précédent articles, le miniſtre ſera ſeul reſponſable.

XI. Si quelqu'acte portant établiſſement d'un impôt ou emprunt national, étoit publié ſans que ledit emprunt ou impôt eût été décrété par le Corps légiſlatif, & que ledit acte fût extérieurement revêtu d'une forme légiſlative différente de celle preſcrite par la Conſtitution, le miniſtre qui aura contreſigné ledit acte, donné ou contreſigné des ordres pour percevoir ledit impôt ou recevoir les fonds dudit emprunt, ſera puni de mort.

Tout agent du Pouvoir exécutif qui aura exécuté leſdits ordres, ſoit en percevant ledit impôt, ſoit en recevant les fonds dudit emprunt, ſera puni de la peine de la dégradation civique.

XII. Si ledit acte, extérieurement revêtu de la forme légiſlative preſcrite par la Conſtitution, étoit publié, ſans toutefois que ledit emprunt ou impôt ait été décrété par le Corps légiſlatif, le miniſtre qui aura contreſigné ledit acte, donné ou contreſigné des ordres pour recevoir ledit impôt ou recevoir les fonds dudit emprunt, ſera puni de mort.

Dans le cas porté au préſent article, le miniſtre ſeul ſera reſponſable.

XIII. Si quelqu'acte ou ordre émané du Pouvoir exécutif rétablissoit des ordres, corps politiques, adminiftratifs ou judiciaires que la Conftitution a détruits, détruifoit les corps établis par la Conftitution, ou créoit des corps autres que ceux que la Conftitution a établis, tout miniftre qui aura contrefigné ledit acte ou ledit ordre, fera puni de la peine de vingt années de gêne.

Tous ceux qui auront participé à ce crime, foit en acceptant les pouvoirs, foit en exerçant les fonctions conférées par ledit ordre ou ledit acte, feront punis de la peine de la dégradation civique.

XIV. S'il émanoit du Pouvoir exécutif un acte portant nomination au nom du roi, d'un emploi qui, fuivant la Conftitution, ne peut être conféré que par l'élection libre des citoyens, le miniftre qui aura contrefigné ledit acte, fera puni de la peine de la dégradation civique.

Ceux qui auront participé à ce crime en acceptant ledit emploi ou en exerçant lefdites fonctions, feront punis de la même peine.

XV. Toutes machinations ou violences ayant pour objet d'empêcher la réunion ou d'opérer la diffolution de toute affemblée adminiftrative d'un tribunal, ou de toute affemblée conftitutionnelle & légale, foit de commune, foit municipale, feront punis de la peine de fix années de gêne, fi lefdites violences ont été exercées avec armes, & de trois années de détention fi elles l'ont été fans armes.

XVI. Tout miniftre qui fera coupable du crime mentionné en l'article précédent, par les ordres qu'il aura donnés ou contrefignés, fera puni de la peine de douze années de gêne.

Les chefs, commandans & officiers qui auront contribué à exécuter lefdits ordres, feront punis de la même peine.

Si par l'effet defdites violences, quelque citoyen perd la vie, la peine de mort fera prononcée contre les auteurs defdites violences, & contre ceux qui par le préfent article en font rendus refponfables.

Le préfent article & le précédent ne portent point atteinte au droit délégué par la Conftitution aux autorités légitimes, de fufpendre de leurs fonctions les affemblées adminiftratives ou municipales.

XVII. Tout miniftre qui, en temps de paix, aura donné ou contrefigné des ordres pour lever ou entretenir un nombre de troupes de terre fupérieur à celui qui aura été déterminé par les décrets du Corps légiflatif, ou pour augmenter le nombre proportionnel des troupes étrangères fixé par lefdits décrets, fera puni de la peine de vingt ans de gêne.

XVIII. Toute violence exercée par l'action des troupes de ligne contre les citoyens,

fans réquifition légitime & hors des cas expreffément prévus par la loi, fera pu‑
nie de la peine de vingt années de gêne.

Le miniftre qui en aura donné ou contrefigné l'ordre, les commandans & offi‑
ciers qui auront exécuté ledit ordre, ou qui fans ordre auront fait commettre lef‑
dites violences, feront punis de la même peine.

Si par l'effet defdites violences quelque citoyen perd la vie, la peine de mort
fera prononcée contre les auteurs defdites violences, & contre ceux qui, par le
préfent article, en font rendus refponfables.

XIX. Tout attentat contre la liberté individuelle, bafe effentielle de la Conftitution
Françaife, fera puni ainfi qu'il fuit.

Tout homme quel que foit fa place ou fon emploi, autre que ceux qui ont
reçu de la loi le droit d'arreftation, qui donnera, fignera, exécutera l'ordre d'ar‑
rêter une perfonne vivant fous l'empire & la protection des lois Françaifes, ou
l'arrêtera effectivement, fi ce n'eft pour la remettre fur le champ à la police dans
les cas déterminés par la loi, fera puni de la peine de fix années de gêne.

XX. Si ce crime étoit commis en vertu d'un ordre émané du Pouvoir exécutif, le
miniftre qui l'aura contrefigné fera puni de la peine de douze ans de gêne.

XXI. Tout geolier & gardien de maifons d'arrêt, de juftice, de correction ou de pri‑
fon pénale, qui recevra ou retiendra ladite perfonne, finon en vertu de mandat,
ordonnance, jugement ou autre acte légal, fera puni de la peine de fix années de
gêne.

XXII. Quoique ladite perfonne ait été arrêtée en vertu d'un acte légal, fi elle eft dé‑
tenue dans une maifon autre que les lieux légalement & publiquement défignés pour
recevoir ceux dont la détention eft autorifée par la loi ; tous ceux qui auront donné
l'ordre de la détenir ou qui l'auront détenue, ou qui auront prêté leur maifon pour
la détenir, feront punis de la peine de fix années de gêne

Si ce crime étoit commis en vertu d'un ordre émané du Pouvoir exécutif, le
miniftre qui l'aura contrefigné fera puni de la peine de douze années de gêne.

XXIII. Quiconque fera convaincu d'avoir volontairement & fciemment fupprimé une
lettre confiée à la pofte, ou d'en avoir brifé le cachet & violé le fecret, fera
puni de la peine de la dégradation civique.

Si le crime eft commis foit en vertu d'un ordre émané du Pouvoir exécutif, foit
par un agent du fervice des poftes, le miniftre qui en aura donné ou contrefigné
l'ordre, quiconque l'aura exécuté, ou l'agent du fervice des poftes qui fans ordre
aura commis ledit crime, fera puni de la peine de deux ans de gêne.

XXIV. S'il émanoit du Pouvoir exécutif quelque acte ou quelque ordre pour fouftraire

un de fes agens, foit à la pourfuite légalement commencée de l'action en refponfabilité, foit à la peine prononcée légalement en vertu de ladite refponfabilité, le
miniftre qui aura contrefigné ledit ordre ou acte, & quiconque l'aura exécuté, fera
puni de la peine de dix ans de gêne.

XXV. Dans tous les cas mentionnés en la préfente fection & dans les précédentes, où
les miniftres font rendus refponfables des ordres qu'ils auront donnés ou contrefignés,
ils pourront être admis à prouver que leur fignature a été furprife ; & en conféquence
les auteurs de la furprife feront pourfuivis, & s'ils font convaincus, ils feront condamnés aux peines que le miniftre auroit encourues

QUATRIEME SECTION DU TITRE PREMIER.

*Délits des Particuliers contre le refpect & l'obéiffance dûs à la Loi, &
à l'autorité des pouvoirs conftitues pour la faire exécuter.*

ARTICLE PREMIER.

Lorfqu'un ou plufieurs agens prépofés, foit à l'exécution d'une loi, foit à la perception d'une contribution légalement établie, foit à l'exécution d'un jugement,
mandat, d'une ordonnance de juftice ou de police ; lorfque tout dépofitaire quelconque de la force publique, agiffant légalement dans l'ordre de fes fonctions,
aura prononcé cette formule : *Obéiffance à la Loi.*

Quiconque oppofera des violences & voies de fait, fera coupable du crime d'of-
fenfe à la loi, & fera puni de la peine de deux années de détention.

II. Si ladite réfiftance eft oppofée avec armes, la peine fera de quatre années de fers.

III. Lorfque ladite réfiftance aura été oppofée par plufieurs perfonnes réunies au-
deffous du nombre de feize, la peine fera de quatre années de fers, fi la réfiftance
eft oppofée fans armes, & de huit années de fers fi la réfiftance eft oppofée avec armes.

IV. Lorfque ladite réfiftance aura été oppofée par attroupement de plus de quinze
perfonnes, la peine fera de huit années de fers, fi la réfiftance eft oppofée fans armes,
& de feize années de fers fi la réfiftance eft oppofée avec armes.

V. Lorfque le progrès d'un attroupement féditieux aura néceffité l'emploi de la
force des armes, prefcrit par les articles XXVI & XXVII de la loi du 3 août
1791, relative à la force publique contre les attroupemens, après que les fomma-
tions prefcrites par lefdits articles auront été faites aux féditieux par un officier
civil, quiconque fera faifi fur le champ en état de réfiftance, fera puni de mort.

VI. Les coupables des crimes mentionnés aux 1er., 2e., 3e. & 4e. articles de la
présente

préfente fection, qui auroient commis perfonnellement des homicides ou incendies, feront punis de mort.

VII. Quiconque aura outragé un fonctionnaire public en le frappant au moment où il exerçoit fes fonctions, fera puni de la peine de deux années de détention.

VIII. Quiconque aura délivré, ou fera convaincu d'avoir tenté de délivrer, par force ou violence, des perfonnes légalement détenues, fera puni de trois années de fers.

IX. Si le coupable du crime mentionné en l'article précédent étoit porteur d'armes à feu, ou de toutes autres armes meurtrières, la peine fera de dix années de fers.

X. Lorfque les crimes mentionnés aux deux précédens articles, auront été commis par deux ou plufieurs perfonnes réunies, la durée de la peine fera de fix années, fi le crime a été commis fans armes, & de douze années fi les coupables dudit crime étoient porteurs d'armes à feu ou de toutes armes meurtrieres.

CINQUIÈME SECTION DU TITRE PREMIER.

Crimes des fonctionnaires publics dans l'exercice des pouvoirs qui leur font confiés.

ARTICLE PREMIER.

Tout agent du Pouvoir exécutif ou fonctionnaire public quelconque, qui aura employé ou requis l'action de la force publique dont la difpofition lui eft confiée, pour empêcher l'exécution d'une loi, ou la perception d'une contribution légitimement établie, fera puni de la peine de la gêne pendant dix années.

II. Tout agent du pouvoir exécutif, ou fonctionnaire public quelconque, qui aura employé ou requis l'action de la force publique, dont la difpofition lui eft confiée, pour empêcher l'exécution d'un jugement, mandat ou ordonnance de juftice, ou d'un ordre émané d'officiers municipaux de police, ou de corps adminiftratifs, ou pour empêcher l'action d'un pouvoir légitime, fera puni de la peine de fix années de détention.

Le fupérieur qui le premier aura donné lefdits ordres, en fera feul refponfable, & fubira la peine portée au préfent article.

III. Si, par fuite & à l'occafion de la réfiftance mentionnée aux deux précédens articles, il furvient un attroupement féditieux de la nature de ceux défignés aux articles IV, V & VI de la précédente fection, l'agent du pouvoir exécutif ou le fonctionnaire public en fera refponfable, ainfi que des meurtres, violences & pillages auxquels cette réfiftance aura donné lieu, & il fera puni des peines prononcées contre les féditieux & les auteurs des meurtres, violences & pillages.

C

IV. Tout dépositaire ou agent de la force publique qui, après en avoir été requis légitimement, aura refusé de faire agir ladite force, sera puni de la peine de trois années de détention.

V. Tout fonctionnaire public qui par abus de ses fonctions, & sous quelque prétexte que ce soit, provoqueroit directement les citoyens à désobéir à la loi & aux autorités légitimes, ou les provoqueroit à des meurtres ou à d'autres crimes, sera puni de la peine de six années de gêne.

Et si par suite & à l'occasion de ladite provocation, il survient quelque attroupement séditieux de la nature de ceux désignés aux IVe., Ve. & VIe. articles de la précédente section, meurtres ou autres crimes, le fonctionnaire public en sera responsable, & subira les peines portées contre les séditieux & les auteurs de meurtres & autres crimes qui auront été commis.

VI. Tout fonctionnaire public révoqué ou destitué, suspendu ou interdit par l'autorité supérieure qui avoit ce droit ; tout fonctionnaire public, électif & temporaire, après l'expiration de ses pouvoirs, qui continueroit l'exercice des mêmes fonctions publiques, sera puni de la peine de deux années de gêne.

Si par suite & à l'occasion de sa résistance, il survient un attroupement de la nature de ceux mentionnés aux articles IV, V & VI de la précédente section, meurtres ou autres crimes, ledit fonctionnaire public en sera responsable, & subira les peines portées contre les séditieux, & les auteurs des meurtres & autres crimes qui auront été commis.

VII. Tout membre de la législature qui sera convaincu d'avoir, moyennant argent, présent ou promesse, trafiqué de son opinion, sera puni de mort.

VIII. Tout fonctionnaire, tout citoyen placé sur la liste des jurés, qui sera convaincu d'avoir, moyennant argent, présent, promesse, trafiqué de son opinion ou de l'exercice du pouvoir qui lui est confié, sera puni de la peine de la dégradation civique.

IX. Tout juré après le serment prêté, tout juge criminel, tout officier de police en matière criminelle, qui sera convaincu d'avoir, moyennant argent, présent ou promesse, trafiqué de son opinion, sera puni de la peine de vingt années de gêne.

X. Les coupables mentionnés aux deux articles précédens, seront en outre condamnés à une amende égale à la valeur de la somme ou de l'objet qu'ils auront reçu.

XI. Tout fonctionnaire public qui sera convaincu d'avoir détourné les deniers publics dont il étoit comptable, sera puni de la peine de quinze années de fers.

XII. Tout fonctionnaire ou officier public qui sera convaincu d'avoir détourné ou soustrait des deniers, effets, actes, pièces ou titres dont il étoit dépositaire à raison des fonctions publiques qu'il exerce, & par l'effet d'une confiance néceffaire, fera puni de la peine de douze années de fers.

XIII. Tout geolier ou gardien qui aura volontairement fait évader ou favorifé l'évafion de perfonnes légalement détenues, & dont la garde lui étoit confiée, fera puni de la peine de douze années de fers.

XIV. Tout fonctionnaire ou officier public, toute perfonne commife à la perception des droits & contributions publiques, qui fera convaincu d'avoir commis par lui ou par fes prépofés, le crime de concuffion, fera puni de la peine de fix années de fers, fans préjudice de la reftitution des fommes reçues illégitimement.

XV. Tout fonctionnaire ou officier public qui fera convaincu de s'être rendu coupable du crime de faux dans l'exercice de fes fonctions, fera puni de la peine de fers pendant vingt ans.

SIXIÈME SECTION DU TITRE PREMIER.

Crimes contre la propriété publique.

ARTICLE PREMIER.

QUICONQUE fera convaincu d'avoir contrefait ou altéré les efpèces ou monnoies nationales ayant cours, ou d'avoir contribué fciemment à l'expofition defdites efpèces ou monnoies contrefaites ou altérées, ou à leur introduction dans l'enceinte de l'Empire Français, fera puni de la peine de quinze années de fers.

II. Quiconque fera convaincu d'avoir contrefait des papiers nationaux, ayant cours de monnoie, ou d'avoir contribué fciemment à l'expofition defdits papiers contrefaits, ou à leur introduction dans l'enceinte du territoire François, fera puni de mort

III. Quiconque fera convaincu d'avoir contrefait le fceau de l'état, fera puni de quinze années de fers.

IV. Quiconque fera convaincu d'avoir contrefait le timbre national , fera puni de douze années de fers.

V. Quiconque fera convaincu d'avoir contrefait le poinçon fervant à marquer l'or & l'argent ou les marques appofées au nom du gouvernement, fur toute efpèce de marchandifes , fera puni de dix années de fers.

VI. Toute perfonne autre que le dépofitaire comptable, qui fera convaincue d'avoir volé des deniers publics ou effets mobiliers appartenans à l'Etat, d'une valeur de dix livres ou au-deffus, fera punie de la peine de quatre années de fers, fans préjudice des peines plus graves portées ci-après contre les vols avec violence envers les perfonnes, effractions, efcalades ou fauffes clefs ; fi ledit vol eft commis avec l'une defdites circonftances, dans ces cas, les peines portées contre lefdits vols feront encourues, quelle que foit la valeur de l'objet volé.

VII. Quiconque fera convaincu d'avoir mis le feu à des édifices, magafins, arfenaux, vaiffeaux ou autres propriétés appartenant à l'Etat, ou à des matières combuftibles difpofées pour communiquer le feu aux édifices, magafins, arfenaux, vaiffeaux ou autres propriétés, fera puni de mort.

VIII. Quiconque fera convaincu d'avoir détruit par l'explofion d'une mine, ou difpofé l'effet d'une mine pour détruire les propriétés mentionnées en l'article précédent, fera puni de mort.

TITRE II.

Crimes contre les particuliers.

PREMIERE SECTION.

Crimes & attentats contre les perfonnes.

ARTICLE PREMIER.

EN cas d'homicide commis involontairement, s'il eft prouvé que c'eft par un accident qui ne foit l'effet d'aucune forte de négligence, ni d'imprudence de la part de celui qui l'a commis, il n'exifte point de crime, & il n'y a lieu à prononcer aucune peine ni même aucune condamnation civile.

II. En cas d'homicide commis involontairement, mais par l'effet de l'imprudence ou de la négligence de celui qui l'a commis, il n'exifte point de crime, & l'accufé fera acquitté ; mais en ce cas il fera ftatué par les juges fur les dommages & intérêts & même fur les peines correctionnelles, fuivant les circonftances.

III. Dans le cas d'homicide légal, il n'exifte point de crime, & il n'y a lieu à prononcer aucune peine ni aucune condamnation civile.

IV. L'homicide eft commis légalement, lorfqu'il eft ordonné par la loi, & commandé par une autorité légitime.

V. En cas d'homicide légitime, il n'exifte point de crime, & il n'y a lieu à prononcer aucune peine, ni même aucune condamnation civile.

VI. L'homicide eft commis légitimement, lorfqu'il eft indifpenfablement commandé par la néceffité actuelle de la légitime défenfe de foi-même & d'autrui.

VII. Hors les cas déterminés par les précédens articles, tout homicide commis volontairement envers quelques perſonnes, avec quelques armes, inſtrumens , & par quelque moyen que ce ſoit, ſera qualifié & puni ainſi qu'il ſuit , ſelon le caractère & les circonſtances du crime.

VIII. L'homicide commis ſans préméditation ſera qualifié de meurtre , & puni de la peine de vingt années de fers.

IX. Lorſque le meurtre ſera la ſuite d'une provocation violente , ſans toutefois que le fait puiſſe être qualifié homicide légitime , il pourra être déclaré excuſable , & la peine ſera de dix années de gêne.

La provocation par injures verbales ne pourra, en aucun cas , être admiſe comme excuſe de meurtre.

X. Si le meurtre eſt commis dans la perſonne du père ou de la mère légitime ou naturel, ou de tout autre aſcendant légitime du coupable, le parricide ſera puni de mort, & l'exception portée au précédent article ne ſera point admiſſible.

XI. L'homicide commis avec préméditation, ſera qualifié d'aſſaſſinat & puni de mort.

XII. L'homicide commis volontairement par poiſon , ſera qualifié de crime d'empoiſonnement, & puni de mort.

XIII. L'aſſaſſinat, quoique non conſommé, ſera puni de la peine portée en l'art. XI, lorſque l'attaque à deſſein de tuer aura été effectuée.

XIV. Sera qualifié aſſaſſinat , & comme tel puni de mort, l'homicide qui aura précédé , accompagné ou ſuivi d'autres crimes, tels que ceux de vol, d'offenſe à la loi, de ſédition ou tous autres.

XV. L'homicide par poiſon , quoique non conſommé , ſera puni de la peine portée en l'article XII, lorſque l'empoiſonnement aura été effectué, ou lorſque le poiſon aura été préſenté ou mêlé avec des alimens ou breuvages ſpécialement deſtinés , ſoit à l'uſage de la perſonne contre laquelle ledit attentat aura été dirigé , ſoit à l'uſage de toute une famille, ſociété ou habitans d'une maiſon , ſoit à l'uſage du public.

XVI. Si toutefois, avant l'empoiſonnement effectué, ou avant que l'empoiſonnement des alimens & breuvages ait été découvert, l'empoiſonneur arrêtoit l'exécution du crime , ſoit en ſupprimant leſdits alimens ou breuvages , ſoit en empêchant qu'on en faſſe uſage , l'accuſé ſera acquitté.

XVII. Quiconque ſera convaincu d'avoir, par breuvage , par violence ou par tout autre moyen , procuré l'avortement d'une femme enceinte , ſera puni de vingt années de fers.

XVIII. Toutes les difpofitions portées aux articles Ier., II, III, IV, V & VI de la préfente fection, relatives à l'homicide involontaire, à l'homicide légal & à l'homicide légitime, s'appliqueront également aux bleffures faites, foit involontairement, foit légalement, foit légitimement.

XIX. Les bleffures qui n'auront pas été faites involontairement, mais qui ne porteront point les caractères qui vont être fpécifiées ci-après, feront pourfuivies par action civile, & pourront donner lieu à des dommages & intérêts, & à des peines correctionnelles, fur lefquelles il fera ftatué d'après les difpofitions du décret concernant la police correctionnelle.

XX. Les bleffures qui n'auront pas été faites involontairement, & qui porteront les caractères qui vont être fpécifiés, feront pourfuivies par action criminelle, & punies des peines déterminées ci-après.

XXI. Lorfqu'il fera conftaté par les atteftations légales des gens de l'art, que la perfonne maltraitée eft, par l'effet defdites bleffures, rendue incapable de vaquer pendant plus de quarante jours à aucun travail corporel, le coupable defdites violences fera puni de deux années de détention.

XXII. Lorfque par l'effet defdites bleffures, la perfonne maltraitée aura eu un bras, une jambe ou une cuiffe caffée, la peine fera de trois années de détention.

XXIII. Lorfque par l'effet defdites bleffures, la perfonne maltraitée aura perdu l'ufage abfolu, foit d'un œil, foit d'un membre, ou éprouvé la mutilation de quelque partie de la tête ou du corps, la peine fera de quatre années de détention.

XXIV. La peine fera de fix années de fers, fi la perfonne maltraitée s'eft trouvée privée par l'effet defdites violences, de l'ufage abfolu de la vue, ou de l'ufage abfolu des deux bras ou des deux jambes.

XXV. La durée des peines portées aux quatre articles précédens, fera augmentée de deux années, lorfque lefdites violences auront été commifes dans une rixe, ou que celui qui les aura commifes aura été l'agreffeur.

XXVI. Toute mutilation commife dans la perfonne du père & de la mère naturel ou légitime, ou de tout autre afcendant légitime des coupables, fera puni de vingt années de fers.

XXVII. Lorfque les violences fpécifiées aux articles XXI, XXII, XXIII, XXIV & XXVI auront été commifes avec préméditation & de guet-à-pens, le coupable fera puni de mort.

XXVIII. Le crime de la caftration fera puni de mort.

XXIX. Le viol fera puni de fix années de fers.

XXX. La peine portée en l'article précédent fera de douze années de fers, lorfqu'il aura été commis dans la perfonne d'une fille âgée de moins de quatorze ans accomplis, ou lorfque le coupable aura été aidé dans fon crime, par la violence & les efforts d'un ou plufieurs complices.

XXXI. Quiconque aura été convaincu d'avoir, par violence, & à l'effet d'en abufer ou de la proftituer, enlevé une fille au deffous de quatorze ans accomplis, hors de la maifon des perfonnes fous la puiffance defquels eft ladite fille, ou de la maifon dans laquelle lefdites perfonnes la font élever ou l'ont placée, fera puni de la peine de douze années de fers.

XXXII. Quiconque fera convaincu d'avoir volóntairement détruit la preuve de l'état civil d'une perfonne, fera puni de la peine de douze années de fers.

XXXIII. Toute perfonne engagée dans les liens du mariage, qui en contractera un fecond avant la diffolution du premier, fera punie de douze années de fers. En cas d'accufation de ce crime, l'exception de la bonne foi pourra être admife, lorfqu'elle fera prouvée.

SECONDE SECTION DU TITRE II.

Crimes & délits contre les propriétés.

ARTICLE PREMIER.

Tout vol commis à force ouverte ou par violence envers les perfonnes, fera puni de dix années de fers.

II. Si le vol à force ouverte & par violence envers les perfonnes eft commis, foit dans un grand chemin, rue ou place publique, foit dans l'intérieur d'une maifon, la peine fera de quatorze années de fers.

III. Le crime mentionné en l'article précédent fera puni de dix-huit années de fers, fi le coupable s'eft introduit dans l'intérieur de la maifon ou du logemennt où il a commis le crime, à l'aide d'effraction, faite par lui-même ou par fes complices, aux portes & clôtures, foit en ladite maifon, foit dudit logement, ou à l'aide de fauffes clefs, ou en efcaladant les murailles, toîts ou autres clôtures extérieures de ladite maifon, ou fi le coupable eft habitant ou commenfal de ladite maifon, ou reçu habituellement dans ladite maifon, pour y faire un travail ou un fervice falarié, ou s'il y étoit admis à titre d'hofpitalité.

IV. La durée de la peine des crimes mentionnés aux trois articles précédens, fera augmentée de quatre années par chacune des circonftances fuivantes qui s'y trouvera réunie.

La 1ʳᵉ fi le crime a été commis la nuit.

La 2ᵉ s'il a été commis par deux ou par plufieurs perfonnes.

La 3ᵉ fi le coupable ou les coupables dudit crime étoient porteurs d'armes à à feu ou de toute autre arme meurtrière.

V. Toutefois la durée des peines des crimes mentionnés aux quatre articles précédens, ne pourra excéder vingt-quatre ans, en quelque nombre que les circonftances aggravantes s'y trouvent réunies.

VI. Tout autre vol commis fans violence envers des perfonnes, à l'aide d'effraction faite, foit par le voleur, foit par fon complice, fera puni de huit années de fers.

VII. La durée de la peine dudit crime fera augmentée de deux ans, par chacune des circonftances fuivantes qui s'y trouvera réunie.

La 1ʳᵉ fi l'effraction eft faite aux portes & clôtures extérieures de bâtimens, maifons ou édifices.

La 2ᵉ. Si le crime eft commis dans une maifon actuellement habitée ou fervant à habitation.

La 3ᵉ. fi le crime a été commis la nuit.

La 4ᵉ. s'il a été commis par deux ou plufieurs perfonnes.

La 5ᵉ. fi le coupable ou les coupables étoient porteurs d'armes à feu ou de toute autre arme meurtrière.

VIII. Lorfqu'un vol aura été commis avec effraction intérieure dans une maifon, par une perfonne habitante ou commenfale de ladite maifon, ou reçue habituellement dans ladite maifon pour y faire un fervice ou un travail falarié, ou qui y foit admife à titre d'hofpitalité, ladite effraction fera punie comme effraction extérieure, & le coupable encourra la peine portée aux articles précédens, à raifon de la circonftance de l'effraction extérieure.

IX. Le vol commis à l'aide de fauffes clefs, fera puni de la peine de huit années de fers.

X. La durée de la peine mentionnée en l'article précédent fera augmentée de deux années, par chacune des circonftances fuivantes, qui fe trouvera réunie audit crime.

La 1ʳᵉ fi le crime a été commis dans une maifon actuellement habitée ou fervant à habitation.

La 2ᵉ s'il a été commis la nuit.

La 3ᵉ s'il a été commis par deux ou par plufieurs perfonnes.

La 4ᵉ fi le coupable ou les coupables étoient porteurs d'armes à feu, ou de toute autre arme meurtrière.

La 5ᵉ fi le coupable a fabriqué lui-même ou travaillé les fauffes clefs dont il aura fait ufage pour confommer fon crime.

La 6ᵉ fi le crime a été commis par l'ouvrier qui a fabriqué les ferrures ouvertes à l'aide de fauffes clefs, ou par le ferrurier qui eft actuellement ou qui a été précédemment employé au fervice de ladite maifon.

XI.

XI. Tout vol commis en efcaladant des toîts, murailles ou toutes autres clôtures extérieures de bâtimens, maifons & édifices, fera puni de la peine de huit ans de fers.

XII. La durée de la peine mentionnée en l'article précédent, fera augmentée de deux années par chacune des circonftances fuivantes qui fe trouvera réunie au crime.

La 1re fi le crime a été commis dans une maifon actuellement habitée ou fervant à habitation.

La 2e s'il a été commis la nuit.

La 3e s'il a été commis par deux ou par plufieurs perfonnes.

La 4e fi le coupable ou les coupables étoient porteurs d'armes à feu ou de toute autre arme meurtrière.

XIII. Lorfqu'un vol aura été commis dans l'intérieur d'une maifon par une perfonne habitante ou commenfale de ladite maifon, ou reçue habituellement dans ladite maifon pour y faire un fervice ou un travail falarié, ou qui foit admife à titre d'hofpitalité, la peine fera de huit années de fers.

XIV. La durée de la peine mentionnée en l'article précédent, fera augmentée de deux années par chacune des circonftances fuivantes, qui fe trouvera réunie audit crime.

La 1re s'il a été commis la nuit.

La 2e s'il a été commis par deux ou par plufieurs perfonnes.

La 3e fi le coupable ou les coupables étoient porteurs d'armes à feu ou de toute autre arme meurtrière.

XV. La difpofition portée en l'article XIII ci-deffus, contre les vols faits par les habitans & commenfaux d'une maifon, s'appliquera également aux vols qui feront commis dans les hôtels garnis, auberges, cabarets, maifons de traiteurs - logeurs, cafés & bains publics. Tout vol qui y fera commis par les maîtres defdites maifons, ou par leurs domeftiques, envers ceux qu'ils y reçoivent, ou par ceux-ci envers les maîtres defdites maifons, ou toute autre perfonne qui y eft reçue, fera puni de huit années de fers.

Toutefois, ne font point comprifes dans la précédente difpofition, les falles de fpectacles, boutiques, édifices publics; les vols commis dans lefdits lieux, feront punis de quatre années de fers.

XVI. Lorfque deux ou plufieurs perfonnes non armées, ou une feule perfonne portant une arme à feu ou toute autre arme meurtrière, fe feront introduites fans violences perfonnelles, effractions, efcalades ni fauffes clefs, dans l'intérieur d'une maifon actuellement habitée, ou fervant à habitation, & y auront commis un vol, la peine fera de fix années de fers.

XVII. Lorfque le crime aura été commis par deux ou par plufieurs perfonnes, fi les coupables, ou l'un des coupables étoient porteurs d'armes à feu ou de toute autre arme meurtrière, la peine fera de huit années de fers.

XVIII. Si ce crime a été commis la nuit, la durée de chacune des peines portées aux deux précédens articles, fera augmentée de deux années.

XIX. Quiconque fe fera chargé d'un fervice ou d'un travail falarié, & aura volé les effets ou marchandifes qui lui auroient été confiés pour ledit fervice ou ledit travail, fera puni de quatre années de fers.

XX. La peine fera de quatre années de fers pour le vol d'effets confiés aux cochers, meffageries & autres voitures publiques, par terre ou par eau, commis par les conducteurs defdites voitures, ou par les perfonnes employées au fervice des bureaux defdites adminiftrations.

XXI. Tout vol commis dans lefdites voitures par les perfonnes qui y occupent une place, fera puni de la peine de quatre années de détention.

XXII. Tout vol qui ne portera aucun des caractères ci-deffus fpécifiés, mais qui fera commis par deux ou plufieurs perfonnes fans armes, ou par une feule perfonne portant armes à feu ou tout autre arme meurtrière, fera puni de la peine de quatre années de détention.

XXIII. Lorfque le crime aura été commis par deux ou plufieurs perfonnes, & que les coupables ou l'un des coupables, feront porteurs d'armes à feu, ou de toute autre arme meurtrière, la peine fera de quatre années de fers.

XXIV. Si le crime mentionné aux deux précédens articles a été commis la nuit, la durée de chacune des peines portées auxdits articles fera augmentée de deux années.

XXV. Tout vol commis dans un terrein clos & fermé, fi ledit terrein tient immédiatement à une maifon habitée, fera puni de la peine de quatre années de fers.

La durée de la peine portée au préfent article, fera augmentée de deux années par chacune des circonftances fuivantes dont ledit crime aura été accompagné.

La 1ère., s'il a été commis la nuit.

La 2e., s'il a été commis par deux ou par plufieurs perfonnes réunies.

La 3e, fi le coupable ou les coupables, étoient porteurs d'armes à feu ou de toute autre arme meurtrière.

XXVI. Tout vol commis dans un terrein clos & fermé, fi ledit terrein ne tient pas immédiatement à une maifon habitée, fera puni de quatre années de détention; la peine fera de fix années de détention fi le crime a été commis la nuit.

XXVII. Tout vol de charrues, inftrumens aratoires, chevaux & autres bétes de fomme, bétail, ruches d'abeilles, marchandifes ou effets expofés fur la foi publique, foit dans les campagnes, foit fur les chemins, ventes de bois, foires, marchés & autres lieux publics, sera puni de quatre années de détention ; la peine sera de six années de détention, lorsque le crime aura été commis la nuit.

XXVIII. Tout vol qui n'est pas accompagné de quelques-unes des circonstances spécifiées dans les articles précédens, sera poursuivi & puni par voie de police correctionnelle.

XXIX. Quiconque sera convaincu d'avoir détourné à son profit, ou dissipé, ou méchamment & à dessein de nuire à autrui, brûlé ou détruit d'une manière quelconque des effets, marchandises, deniers, titres de propriété ou autres emportant obligation ou décharge, & toutes autres propriétés mobiliaires qui lui avoient été confiées gratuitement, à la charge de les rendre ou de les représenter, sera puni de la peine de la dégradation civique.

XXX. Toute banqueroute faite frauduleusement & à dessein de tromper les créanciers légitimes, sera punie de la peine de six années de fers.

XXXI. Ceux qui auront aidé ou favorisé lesdites banqueroutes frauduleuses, soit en divertissant les effets, soit en acceptant des transports, ventes ou donations simulées, soit en souscrivant tous autres actes, qu'ils savent être faits en fraude des créanciers légitimes, seront punis de la peine portée en l'article précédent.

XXXII. Quiconque sera convaincu d'avoir par malice ou vengeance, & à dessein de nuire à autrui, mis le feu à des maisons, bâtimens, édifices, navires, bateaux, magasins, chantiers, forêts, bois-taillis, récoltes en meules ou sur pied, ou à des matières combustibles disposées pour communiquer le feu auxdites maisons, bâtimens, édifices, navires, bâteaux, magasins, chantiers, forêts, bois-taillis, récolte en meule ou sur pied, sera puni de mort.

XXXIII. Quiconque sera convaincu d'avoir détruit par l'effet d'une mine, ou disposé une mine pour détruire des bâtimens, maisons, édifices, navires ou vaisseaux, sera puni de mort.

XXXIV. Quiconque sera convaincu d'avoir verbalement ou par écrits anonymes ou signés, menacé d'incendier la propriété d'autrui, quoique lesdites menaces n'ayent pas été réalisés, sera puni de quatre années de fers.

XXXV. Quiconque sera convaincu d'avoir volontairement, par malice ou vengeance, & à dessein de nuire à autrui, détruit ou renversé, par quelque moyen violent que ce soit, des bâtimens, maisons, édifices quelconques, digues & chaussées qui retiennent les eaux, sera puni de la peine de six années de fers ; & si lesdites violences sont exercées par une ou plusieurs personnes réunies, la peine sera de neuf années de fers, sans préjudice de la peine prononcée contre l'assassinat, si quelque personne perd la vie par l'effet dudit crime.

D 2

XXXVI. Quiconque fera convaincu d'avoir par malice ou vengeance, & à deffe'n de nuire à autrui, empoifonné des chevaux & autres bêtes de charge, moutons, porcs, beftiaux & poiffons dans des étangs, viviers ou réfervoirs, fera puni de fix années de fers.

XXXVII. Quiconque volontairement, par malice ou par vengeance, & à deffein de nuire à autrui, aura brûlé ou détruit d'une manière quelconque des titres de propriété, billets, lettres de change, quittances, écrits, ou actes opérant obligation ou décharge, qui auroient été enlevés par adreffe ou violence, fera puni de la peine de quatre années de fers.

XXXVIII. Lorfque ledit crime aura été commis par deux ou par plufieurs perfonnes réunies, la peine fera de fix années de fers.

XXXIX. Toute efpèce de pillage & dégâts de marchandifes, d'effets & de propriétés mobiliaires, commis avec attroupemens & à force ouverte, fera puni de la peine de fix années de fers.

XL. Quiconque fera convaincu d'avoir extorqué par force ou par violence la fignature d'un écrit, d'un acte important, obligation ou décharge, fera puni comme voleur à force ouverte & par violence envers les perfonnes, & encourra les peines portées aux cinq premiers articles de la préfente fection, fuivant les circonftances qui auront accompagné lefdits crimes.

XLI. Quiconque fera convaincu d'avoir méchamment & à deffein de nuire à autrui, commis le crime de faux, fera puni ainfi qu'il fuit.

XLII. Si ledit crime de faux eft commis en écriture privée, la peine fera de quatre années de fers.

XLIII. Si ledit crime de faux eft commis en lettres de change & autres effets de commerce ou de banque, la peine fera de fix années de fers.

XLIV. Si ledit crime de faux eft commis en écritures authenthiques & publiques, la peine fera de huit années de fers.

XLV. Quiconque aura commis ledit crime de faux, ou aura fait ufage d'une pièce qu'il favoit être fauffe, fera puni des peines portées ci-deffus contre chaque efpèce de faux.

XLVI. Quiconque fera convaincu d'avoir fciemment & à deffein, vendu à faux poids ou à fauffe mefure, après avoir été précédemment puni deux fois par voie de police, à raifon d'un délit femblable, fubira la peine de quatre années de fers.

XLVII. Quiconque fera convaincu du crime de faux témoignage en matière civile, fera puni de la peine de fix années de gêne.

XLVIII. Quiconque fera convaincu du crime de faux témoignage dans un procès criminel, fera puni de la peine de vingt années de fers, & de la peine de mort, s'il eft intervenu condamnation à mort contre l'accufé dans le procès duquel aura été entendu le faux témoin.

TITRE III.

Des complices des crimes.

ARTICLE PREMIER.

Lorfqu'un crime aura été commis, quiconque fera convaincu d'avoir, par dons, promeffes, ordres ou menaces, provoqué le coupable ou les coupables à le commettre ;

Ou d'avoir fciemment & dans le deffein du crime, procuré au coupable ou aux coupables, les moyens, armes ou inftrumens qui ont fervi à fon exécution.

Ou d'avoir fciemment & dans le deffein du crime, aidé & affifté le coupable ou les coupables, foit dans les faits qui ont préparé ou facilité fon exécution, foit dans l'acte même qui l'a confommé, fera puni de la même peine prononcée par la loi contre les auteurs dudit crime.

II. Lorfqu'un crime aura été commis, quiconque fera convaincu d'avoir provoqué directement à le commettre, foit par des difcours prononcés dans les lieux publics, foit par placards ou bulletins affichés ou répandus dans lefdits lieux, foit par des écrits rendus publics par la voie de l'impreffion, fera puni de la même peine prononcée par la loi contre les auteurs du crime.

III. Lorfqu'un vol aura été commis avec l'une des circonftances fpécifiées au préfent article, quiconque fera convaincu d'avoir reçu gratuitement, ou acheté ou recélé tout ou partie des effets volés, fachant que lefdits effets provenoient d'un vol, fera réputé complice, & puni de la peine prononcée par la loi contre les auteurs dudit crime.

IV. Quiconque fera convaincu d'avoir caché ou recélé le cadavre d'une perfonne homicidiée, encore qu'il n'ait pas été complice d'homicide, fera puni de la peine de quatre années de détention.

POUR tout fait antérieur à la publication du préfent Code, fi le fait eft qualifié crime par les lois actuellement exiftantes, & qu'il ne le foit pas par le préfent Décret ; ou fi le fait eft qualifié crime par le préfent Code, & qu'il ne le

foit pas par les lois anciennes, l'accufé fera acquitté, fauf à être correctionnelle-
ment puni s'il y-échoit.

Si le fait eft qualifié crime par les lois anciennes & par le préfent Décret, l'accufé qui aura été déclaré coupable, fera condamné aux peines portées par le pié-
fent Code.

Les difpofitions du préfent Code n'auront lieu que pour les crimes qui auront
été pourfuivis par voie de Jurés.

MANDONS & ordonnons à tous les Corps adminiftratifs & Tribunaux,
que les préfentes ils faffent configner dans leurs regiftres, lire, publier
& afficher dans leurs Départemens & Refforts refpectifs, & exécuter
comme Loi du Royaume. En foi de quoi Nous avons figné ces préfentes,
auxquelles nous avons fait appofer le Sceau de l'Etat. A Paris, le fixième
jour du mois d'Octobre, l'an de grâce mil fept cent quatre-vingt-onze,
& de notre règne le dix-huitième. *Signé* LOUIS. *Et plus bas,* M. L. F.
DUPORT. Et fcellées du Sceau de l'État.

FIN.

A PARIS,

DE L'IMPRIMERIE DE PRAULT,

1790.